NO LIMIT

Kuriki Nobukazu

あなたにとっての、山はなんですか？

僕は今、生きている。

小さな体で一人。
ビデオカメラを片手に
巨大な山に向かっていく。
上がったり、下がったりをくり返しながら
少しずつ、少しずつ頂上をめざす。

!やばい!
ら下がってます。
ー、ホォー、
なー
ドダスト
ダスト
いるね
ありがと

なだれ来
えー、いま、氷河に
シー、シー、ホー、ホ
ハア、ハア、ハア
すごい景色、見える
見えますっ? ダイヤモ
超巨大なダイヤモンド
神
すごいな

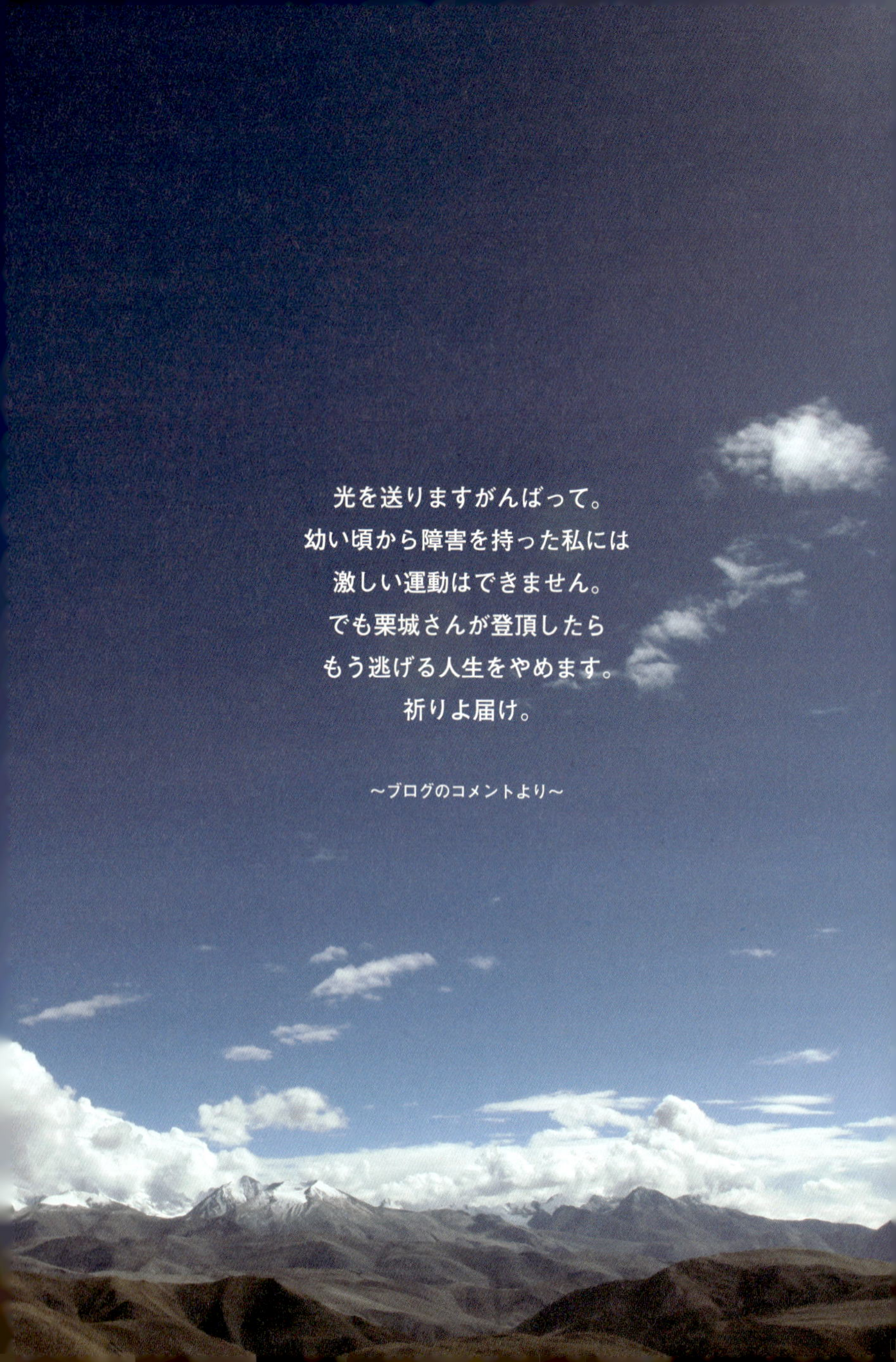

光を送りますがんばって。
幼い頃から障害を持った私には
激しい運動はできません。
でも栗城さんが登頂したら
もう逃げる人生をやめます。
祈りよ届け。

～ブログのコメントより～

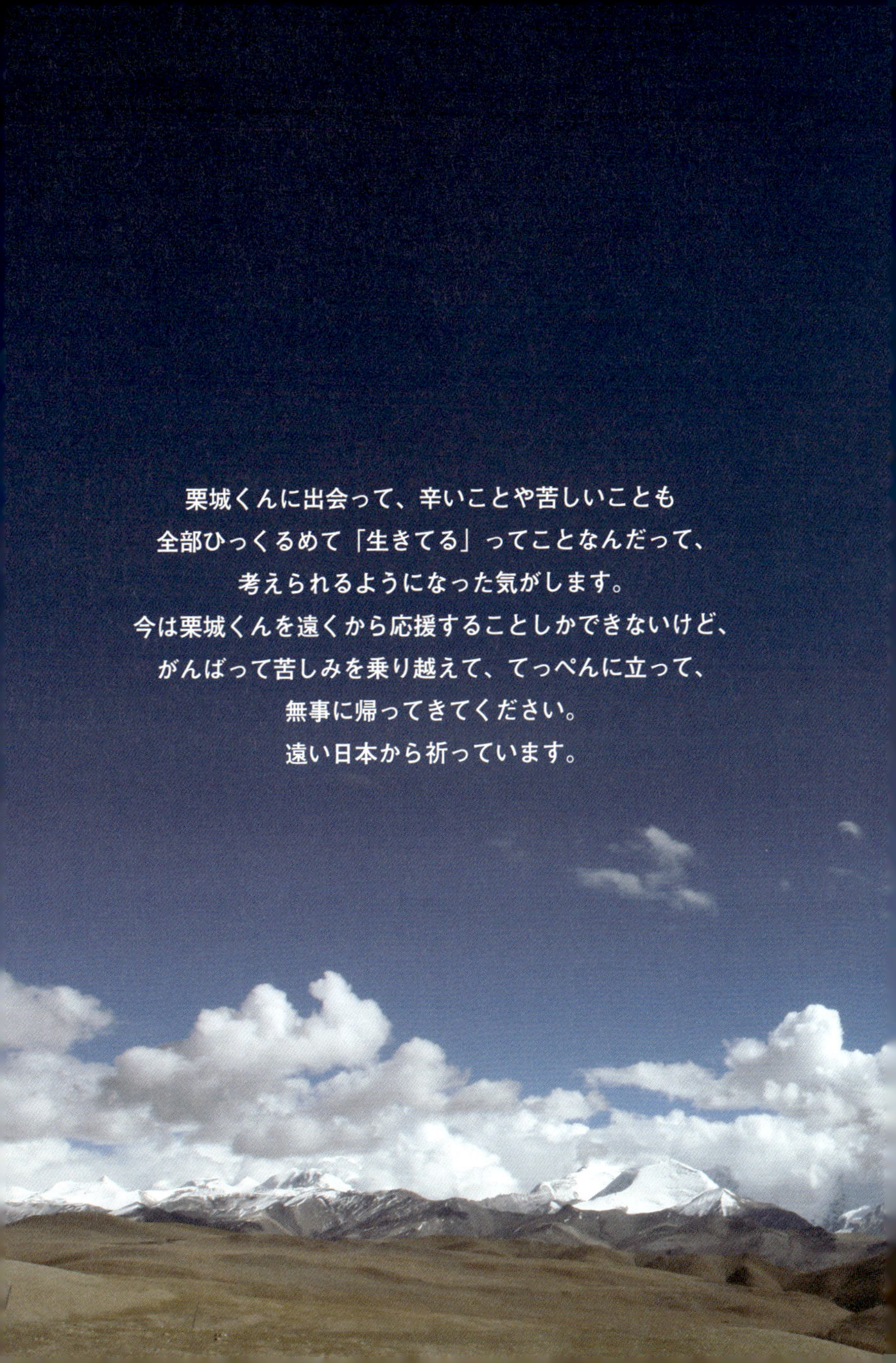

栗城くんに出会って、辛いことや苦しいことも
全部ひっくるめて「生きてる」ってことなんだって、
考えられるようになった気がします。
今は栗城くんを遠くから応援することしかできないけど、
がんばって苦しみを乗り越えて、てっぺんに立って、
無事に帰ってきてください。
遠い日本から祈っています。

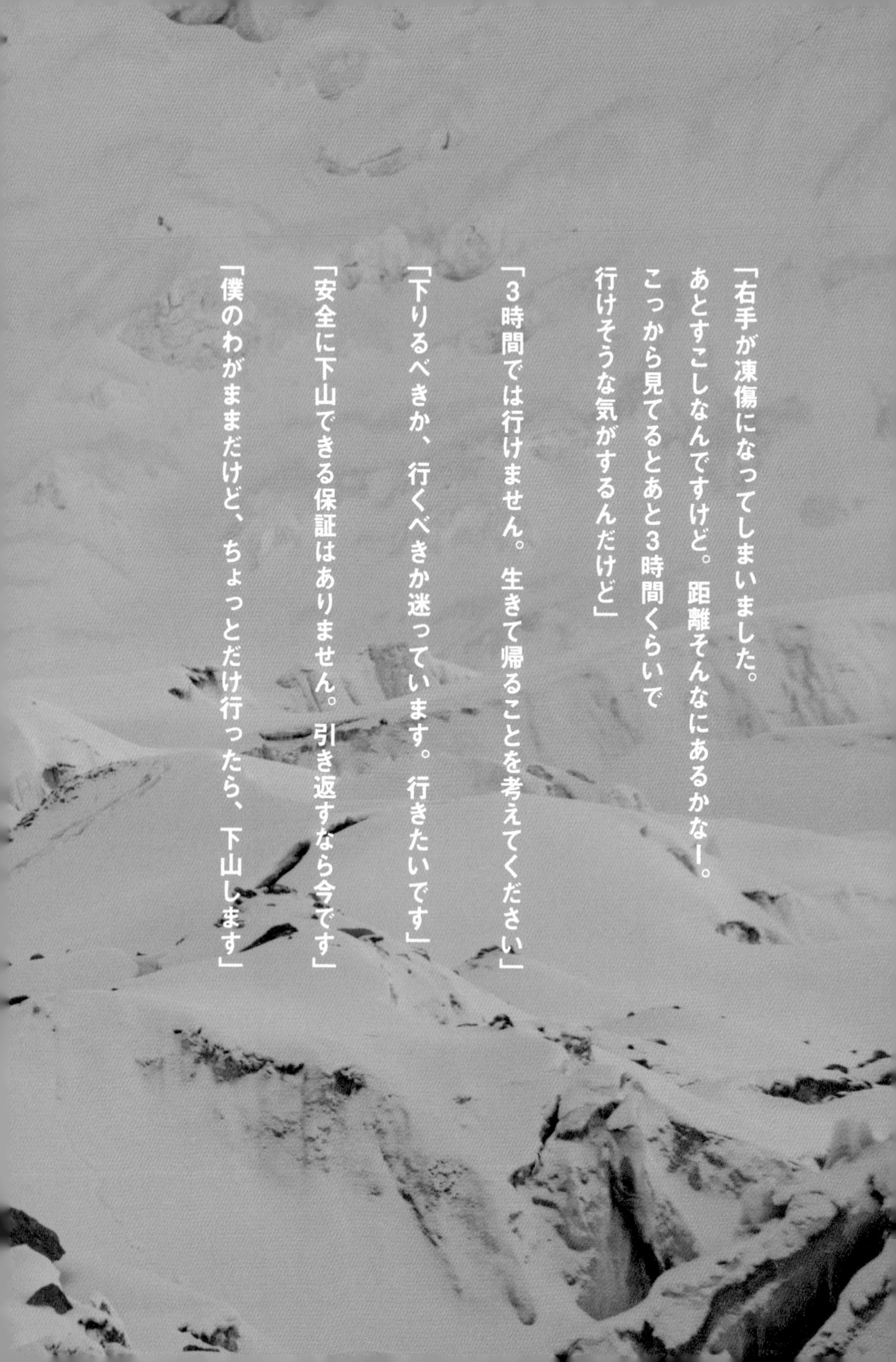

「右手が凍傷になってしまいました。
あとすこしなんですけど。距離そんなにあるかなー。
こっから見てるとあと3時間くらいで
行けそうな気がするんだけど」

「3時間では行けません。生きて帰ることを考えてください」

「下りるべきか、行くべきか迷っています。行きたいです」

「安全に下山できる保証はありません。引き返すなら今です」

「僕のわがままだけど、ちょっとだけ行ったら、下山します」

「ちょっというのはどれくらいですか？」

「太陽が出てきてあったかくなってきたので、
もうすこし行けると思います」

「登山も中継も生きてこそでしょ。
もし帰ってこれなくなったらどうするんですか。
何回でも手伝うから、お願いだから下りてください」

「だめですか？」

「栗城君。頼むから下りてきてください」

「ごめん。ありがとう。
下ります。
あとすこしだったんだけどな。
太陽かくれちゃった。
もう行くなっていってんのかな。
むずかしいね。
あとちょっとだったんだけどね。
でも、みんなに感謝です」

僕は今、生きている。

NO LIMIT

INTRODUCTION

朝を迎える。
目の前に大きな山がある。
山はとても冷たい。心も体もすべてを迎える状態にしなければいけない。
でも今の僕は力が半減している。
泣いても何をしても状況は変わらない。
もうすぐモンスーンが明ける。
モンスーンが明けると、秋の冷たい風が下りてきて
一気に気圧が下がっていく。気圧が下がると空気中の酸素も低くなる。
無酸素でエベレストを登るためには、
気圧が高くて、酸素が濃いときまでに登らなければいけない。
自然界にも時間切れがあるのだ。
4日分の荷物を運ぶのだが、ザックを背負った瞬間に自分の調子がよくわかる。
登頂どころか、無事に帰るだけでも厳しいかもしれない。
天候もよく、順調に高度を上げていく。
しかし気圧の見えない壁を感じていた。

7500メートル地点。エベレストの夢。ついに夢を実現する瞬間がきた。

山頂までまだ1300メートルもあるが、天候は決して悪くない。

ここまでたどりつくのにどれだけ長い道を歩き、深い雪をかきわけてきたのだろう。

資金作りや、インターネット中継の準備。

うしろを振り向けば、日本から続く長い自分の足跡が見えそうだった。

ついに山の上部が目の前に見え始め、あれだけ遠く感じられた山も今は近く感じる。


7500メートルから先は、デスゾーン（死の地帯）と呼ばれ、酸素濃度が地上の3分の1になる、生命の存在を感じさせない場所。本来は、人間が入ってはいけない世界なのかもしれない。


無線で目を覚ます。

風は強く、自分のテントが軽く宙に浮くような感じがした。

傾斜が強いところに無理やりテントを張ったのだが、ポール2本だけのテントで、よく一晩を過ごせたものだ。

ＳＰＯ２（血中酸素濃度）は57%。
体に酸素は行き渡っておらず、手も足も思うように動かない。
とにかくもっと寝ていたい。
ヒマラヤでの行動には強い意志が不可欠だが、必要な力はそれだけじゃない気がする。
強風の中、７０００メートル級の山々が眼下に見え、濃く青い空が広がる。
僕はこんなところを本当に歩いていいのだろうか。
生命の居ない場所に、自分が存在していることが奇跡に思える。

いったい何メートル進んだのだろう。
目的の岩が見えるが、体は思うように進まない。
いや、時間も空間もすべてがスローモーションだ。
雪は深く、突然、大自然の中に体が沈みかけていく。
それでも体を前に持っていく。意志だけが、自分の体を前に引っ張っていく。
こんなに自分の体は重かっただろうか。空間も体もすべてが止まり始めた。

タイミングが悪いことに、腕時計の電池がなくなっていた。

ベースキャンプにいる仲間に無線で時間を聞くが、自分がいつどこで何をしているのかわからなくなってきていた。ただ、あの奥にある岩の部分に行かなければ、すべては始まらない。それだけは知っていた。

夕方5時。
太陽が上ではなく、横にきていることに気づいた。
あと1時間もすれば目的の岩につくだろう。
しかし、進んでも進んでも近づかない。
「引き返した方がいいです」という無線が入る。
ベースキャンプにいる人間が、望遠レンズで距離を測る。
「横180メートル縦100メートル。夕暮れまでには間に合いません」
僕は何度も距離の測定をお願いした。
目の前に見えるのに、そんなに距離があるものか。
しかし太陽はもう横ではなく、下に向き、
エベレストを真っ赤に染め始めていた。
「生と死の分岐点です。もう迷わないでください」

副隊長からはじめて「死」という言葉が出てきた。

「一度C2《キャンプ》に戻り、体力を回復させて、明日行きましょう」

と答えたが、しかし、それは嘘だということはすぐに分かる。

C2《キャンプ》に引き返したとしても、標高は7700メートルもある。


そこで酸素ボンベを持たない僕の体力が回復することはない。

エベレストの単独・無酸素のアタックは1度しかないのだ。
引き返す、ということ。それは「敗退」を意味する。
しかし太陽は沈み、光の世界が闇の世界に切りかわり、
いよいよ手足の感覚がなくなってきた。
本当はもう山に向かえないのを知っていたが、後ろ向きな言葉は発したくなかった。
「C2《キャンプ》に戻り、明日挑戦します」
そう言いながら涙を流し、来た方に足を向けた。
自分の登ってきたトレース（自分の足跡）を必死に探す。
風が強く、そして夕暮れが視界を奪っていく。

太陽が沈みかけた時、死を感じるようになった。
今までの夢であった「冒険の共有」もできなくなり、
登山というものに意味を見出せなくなっていた。
さらに登頂という希望もなくなった今、
暗闇の中で、自分の終わりを感じていた。
心の灯は消えかけていた。
時間の感覚はなくなり、雪壁に座り込み、何もできない自分がいる。
こんなに自分は冷たかったのか。
無線が何度か聞こえてくるが、何を言っているのかわからない。
無線を聞いているうちに、
「生きて帰らなきゃ」という思いが出てきた。
しかし、時間の感覚はわからず、C2《キャンプ》への距離が遠いことだけがわかった。
生きて帰りたい。
登ることよりも大切なこと。

僕は無線で「時間を教えてくれ」と頼んだ。

それから10分おきに、仲間の声が聞こえてきた。

「生きてこそのチャレンジです」

ブログやホームページに届いたメッセージを読みあげてくれる。

〝栗城さんが一番不安でしょう
ただ、ただ安全しか祈りませんが
いまあなたにできることは
無事に下山することです
命あってなんぼです〟

〝栗城さん、生きているからこそ
次に挑戦できるんですよね
生きて必ず帰ってきてください〟

生きて帰る。

生きて帰ります。

ヒマラヤの夜が寒いせいなのか。
どんどん視界は無くなっていき、自分のトレースは完全に消えていた。
星が明るくて、このまま星の仲間に入れないだろうかと考え始める。
それでも無線は聞こえてくる。
無線が聞こえるたびに無意識に足を前に出していくが、
一度、急な雪壁に腰をかけるともう立ち上がりたくない。
仲間がいるベースキャンプが、なぜこれほど遠く感じるのだろうか。
目の前に目的地である標高7500メートルのC2《キャンプ》があるはずなのに、
ほんの1メートルが遠く感じる。
登りのときも遠く感じていたが、帰りはさらに遠く感じている。
突然の嘔吐。
何も食べていないのに嘔吐だけをくり返す。

でも嘔吐をすると、まるで呼吸をしているようで、
まだ生きている感覚がある。
星は僕の目の前にあった。
それは救助でC2《キャンプ》に向かっていたシェルパの一人だった。
C2《キャンプ》に着いたことを仲間に伝えると、無線の奥で歓声が上がった。
まるで登頂よりも喜んでいるような声だった。

僕はまだ生きている。そして一人じゃない。
仲間がいて、一緒に夢を共有する人がいる。
生きているからこそチャレンジができる。
ただ、今は命がけの登山よりも、
こうして仲間と語り合い、生きていることに感謝だ。
消えかかった心の灯は、
小さいながらも静かに暖かく光り始めている。

そして僕は、決してあきらめない。

IMIT

NO L

CONTENTS

NO LIMIT : No.1

限界を超える

僕の名前は栗城史多。
身長１６２センチ、体重60キロの小さな登山家だ。
北海道の札幌に住んでいて、
世界中の山に挑戦している。
子どもの頃は何も夢がなく、
何かをつかむために大学1年生のときから登山をはじめた。
登山家としてはまだまだ未熟者。
それどころか登山家になりたいと思ったことすらない。
ただ、自分の知らない世界を見たかっただけ。

22歳の時、初めての海外旅行で、
北米で一番高い山に一人で向かった。
これがマッキンリー（標高6194メートル）という山で
冒険家の植村直己さんが亡くなった場所でもある。
僕は皆の反対を押し切り
山岳部をやめてまでこの山に登った。
これが、僕にとって人生初めての挑戦だった。

登頂に成功すると、自分の心にあった壁が崩れた。
そして不可能は自分が作り出しているもの、
可能性は自分の考え方次第で、無限に広がっていくんだということに気づいた。

その後の僕は、
地球を感じながら登山をしたいと想い、

世界の最高峰を、
一人で登る夢を追いかけるようになった。

McKinley
6,194m
Manaslu
8,163m
Cho Oyu
8,201m
Dhauragiri
8,167m
Kilimanjaro
5,895m

Aconcagua
6,962m
Vinson Massif
4,897m
El'brus
5,642m
Carstensz Pyramid
4,884m
Everest
8,848m

こんなに山は苦しい世界なのか。
標高が高くなればなるほど、苦しみは増えていく。
激しい嘔吐や頭痛の高山病。
手足の感覚がなくなる凍傷。
雪崩にも巻き込まれそうになり、
クレバスという氷河の裂け目にも落ちそうになった。
そして知り合いが山で亡くなったりもした。

それでも、僕は無我夢中で山に登り続けた。

なぜ、自分は山に登るのだろうか?
昔「なぜ山に登るのか?」という質問に
「そこに山があるから」と答えた登山家がいた。

でも僕の場合は、ちょっと違う。

生と死の狭間で学んできた「生きる」という力を、
同世代の若い人たちにリアルなメッセージとして伝えたい。

そして、誰かが少しでも元気になったり、
「こんな人でもできるんだったら、僕にも、何かできるかも」
と思ってくれる人が、一人でも多く増えたら、
それだけで、僕はすごくうれしい。

僕はどちらかというと運動神経が鈍く、
人見知りでもあるし、少し前までは「ニート」でもあった。
山登りを始めたきっかけも、些細な出来事だった。

そんな男が、酸素が地上の3分の1、
気温はマイナス40度近くにもなる過酷な世界へどうやって挑んできたのか。
どうやって苦痛を乗り越え、やりたいことを実現してきたのか。

登山家の目標は、山に登ることで、
実際、僕は単独で山に登り続けてきた。
でも一人では限界がある。
共有し、感動を分かち合うのが、本当の冒険だと思っている。

ヒマラヤの深くて青い空。
そこには何もなく、そしてすべてが満たされている世界。
この空をたくさんの人に見せてあげたい。
それは誰も今までやってこなかった冒険。
それが僕の夢だ。

本当は誰もが、どこでも行きたいところに行ける。
やりたいことは、実現できる。すべては自分の心次第。
この空の景色を見て無限の力を感じとってもらいたい。

だから僕は山に登る。
見えない山に登っている、すべての人たちのために。

NO LIMIT : No.2

一歩を踏み出す

人生の中で自分のやりたいことを見つけられる人がどれだけいるだろうか。
本当はやりたいことに気づいているのに、
それがなかなか実現しないのは、
自分で不可能の壁を作ってしまうからではないだろうか。

全員に「無理だ」と反対されれば、ためらったり、やめてしまう人も多いだろう。
だが、それは本当に不可能なのだろうか。
反対する人たちの言うことは、本当に正しいのだろうか。

一歩を踏み出す勇気は、
「今、やりたい」という自分の気持ちを信じることから生まれる。

正しかった、間違っていた、は結果ではなく、自分自身で出す答えなのだから。
僕がまだ登山をはじめて2年目の頃、
マッキンリーという北米最高峰の山に憧れを抱いていた。

一人で登ってみたいという気持ちを周囲に話したら、
「不可能だ」「お前にできるはずはない」「死ぬぞ」と猛反対を受けた。
誰も応援してくれなかった。
もしあのときそのまま反対を受け入れていたら、
ずっとその先も、「反対されればやめてしまう」自分がいただろう。
ならば自分は、一体何のために生きているのか。
生きている心地がしなかった。
僕は「生きている」という選択をしたかった。

たしかにアラスカの山は、とんでもないところだった。
氷河に覆われ、大きなクレバス地帯が広がり、
日本では考えられないほどの強風が吹き荒れていた。
16日間の登山は、今まで国内で登ってきた山とは別の世界だったが、
でもどうにか山の頂上に立つことができ、
足下にある巨大な氷河、太陽の光で光輝く山々、
そして深くて濃い終わりのない空を見たときに、

「不可能」は自分自身が作っていた幻想だと気がついた。

その瞬間、僕の心は世界とつながり、
そして無限の可能性を感じはじめていた。

踏み出した瞬間は、とても孤独かもしれない。
だが「その一歩」がなければ、本当の自分と出会うことはできないだろう。

NO LIMIT : No.3

すべてに感謝

感謝。

悪いことにも、

すべてに感謝

最終キャンプを出る直前。

心の中でたまっていた不安と苦しみが一気にわき上がってくる。

そのときに出てくる言葉がある。

「ありがとう」

苦しいから出す言葉ではなく、苦しいからこそ出てくる言葉。


「ありがとう」

その言葉でまた一歩、前に進める。


力んでも力は出ない。

山と対峙してはいけない。

苦しみも不安もすべては自然の一部。

僕らもその自然の中のごく一部。

苦しみを受け入れ、苦しみに感謝する。

苦しければ苦しいほど、喜びもまた大きい。

苦しみにはふたつの特徴がある。
ひとつは闘おうとすればするほど、大きくなっていく。
もうひとつは逃げようと思っていても、どこまでも追ってくる。
苦しみから逃れることはできない。
ならば苦しみを受け入れよう。

苦しみに感謝。
「ありがとう」

一人で山を登っているうちに、自然とその言葉が出てくるようになった。
山と対話するということはこういうことかもしれない。
すべての苦しみは、受け入れることからはじまる。
受け入れることで、その苦しみが逆に力となってくれる。

反対に「ちくしょう」と大声を出したりすれば、力が奪われる。
苦しみは自分が作ったものにすぎない。
もしかしたら、苦しみとは自分自身なのかもしれない。
それを喜びに変えられるかどうかは、すべて自分の心次第。

PRO TREK

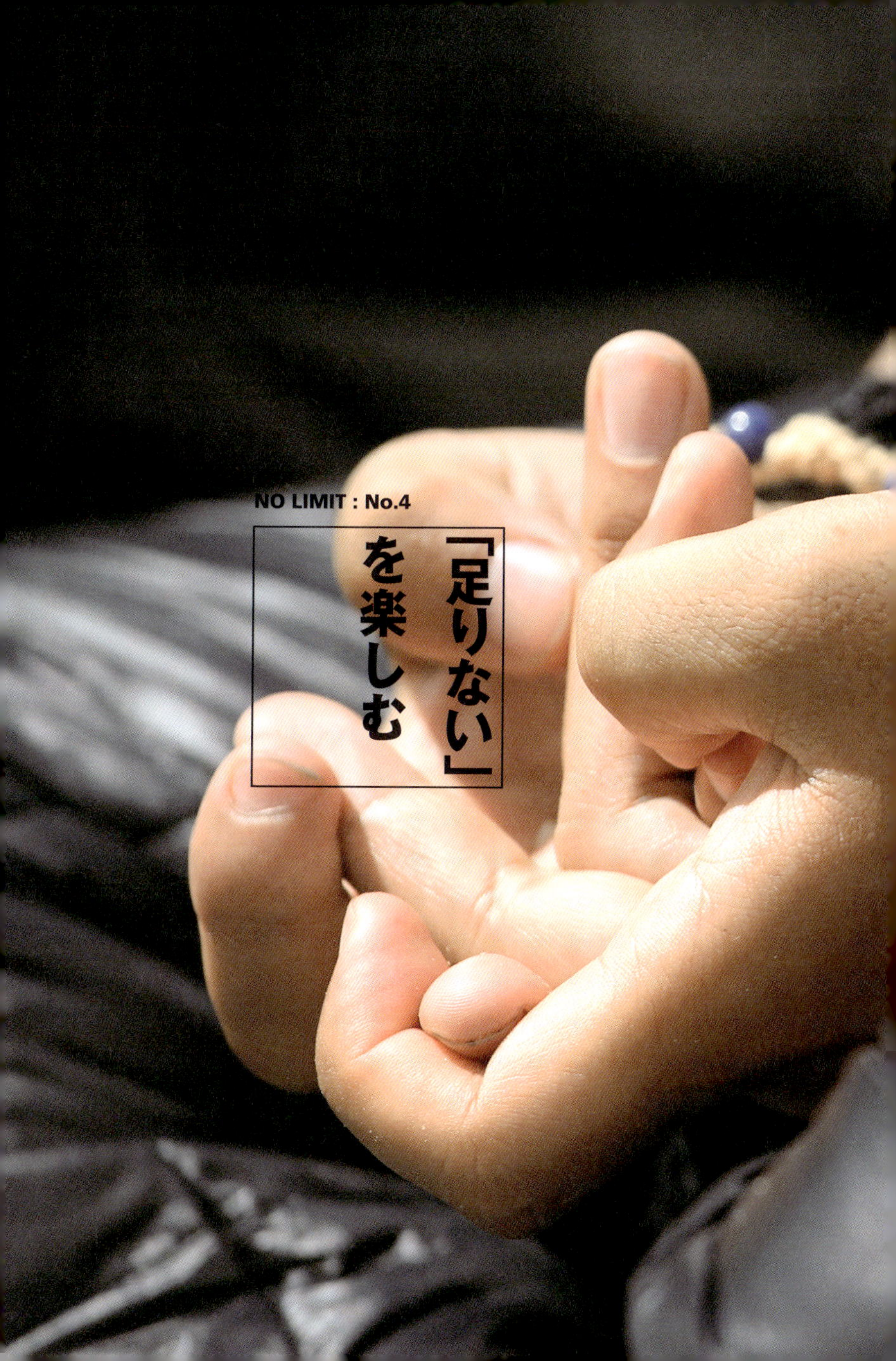

NO LIMIT : No.4

「足りない」を楽しむ

「生きている」という実感を持てないまま生きている人がいる。
それは何かに満たされてしまっているからかもしれない。
お腹が空いてもコンビニに行けばごはんもある。
お金がなくても携帯電話を持っている人たちはたくさんいる。
この国はそんなにがんばらなくても生きていけるほど豊かな国になってしまった。
明日どうなるかわからない人たちがたくさんいる国もあるのに。
その満たされた豊かな社会が、
「生きている」という力を麻痺させているのかもしれない。

「足りない」ことは、エネルギーだ。

いま身の回りにある物や人間関係、
それ以上に何が必要なのだろうか。

「足りない」を楽しむ

美味しいものを食べても、さらに美味しいものを求めてしまう。
かっこいい車を買っても、さらにかっこいい車を求めてしまう。
そして求めれば、求めるほど苦しくなっていく自分がいる。
それより今あるものを楽しもう。

少し足りないかもしれないが、足りないことによって、
自分が必要としている以上のことを得られるかもしれない。
足りないことで、人や知恵、いままで気づかなかった力も出てくる。
お腹も少し空いている方が力は出る。

高い山は酸素が少ない。
吸えない感じはないが、
吸っても吸っても、
からだに力が入らない。

一体何回吸えば、
一回分になるのだろう。
でも本当は、吸おう吸おうとするから駄目なのだ。

酸素が少ないときは、吐けばいい。
吐けば、入ってくる。
自分が出そうとしないと入ってこない。
欲しい、欲しいってやってると入ってこない。
何か欲しいときは、自分から吐くこと。そして与えること。
自分が吐き、与えることによって酸素も喜びも入ってくる。

いま目の前にある
山を一つひとつ
乗り越えていくこと。

明るく、元気に、
楽しんで。
すべてに感謝。

NO LIMIT : No.5

否定される

あるとき某テレビ局から、
登山の現場から動画の配信をやらないかと提案された。
当時の僕はまだ、卒業して定職にもつかず
山登りばっかりしていたので、
そのときつけられた番組のタイトルが
「ニートのアルピニスト、はじめてのヒマラヤ」。
深夜番組だったこともあって、
全国のニートやひきこもりの方からインターネットを通じて、
たくさんのメッセージが寄せられたが、
彼らのメッセージは応援ではなかった。
「栗城はのぼれない」
「こんなのやらせだ」
なかには「死んじゃえ」みたいなのもあって、
完全に否定的な言葉ばかりだった。

一方で、僕が登ろうとしていた山は、
8201メートルもあるとてつもなく大きな山。

しかもはじめてのヒマラヤの8000メートル峰だった。

1ヵ月以上の上り下りをくり返しながら登っていき、
頂上近くまでいけたが、天候が悪くなり、あと少しのところで下山。

ベースキャンプに戻ってきて彼らからのメッセージを読んでみた。

「やっぱ栗城はだめだったんだね」

「夢ってかなわないんですね」

というメッセージが書かれていた。

本当はもう時間切れで帰国しなければいけなかったが、
僕はふたたび頂上をめざしていった。
８０００メートル峰をアタックするチャンスは1回だけ。
無酸素で帰ってくるとからだの水分がどんどん抜けて、
ものすごい脱水症状を起こす。それは気圧が3分の1の世界だからだ。
だから2回目アタックしても、1回目以上の力は絶対に出ない。
それでも3日間だけ休養し、ふたたび頂上をめざして登っていった。
そして頂上についていて帰ってきたときに、
またパソコンを開いて、彼らからのメッセージを見てみた。

普通は「登頂おめでとう」というメッセージをくれるものだが、
彼らからのメッセージは「ありがとう」という文字が並んでいた。
そのときに頂上より先の世界が見えたような気がした。
山岳部をやめてからずっと僕は単独で登ってきたが、
どの山の山頂についてもその頂上より先が見えなかった。

否定される

山の先には、また山があるだけだった。

だが、その「ありがとう」を見たときに、
これが冒険の使命であり、本当のゴールではないかと思った。

本当の冒険は、否定されることからはじまる。

できないことに挑もう。

どれだけ否定する人が多くいたとしても、
その否定を応援に変えることほど、やりがいのあることはない。

それができたとき、敵なんて一人もいなかったことに気づくはずだ。

できるか、
できないかではなく、
やりたいか、
やりたくないか。

不可能は自分が作った
錯覚にすぎない。

想像の世界を飛び回ろう。

想像が現実を作り出す。

NO LIMIT : No.6

少しずつ、小さなことを続ける

やろうとしていることが大きすぎて、なかなか動き出せず、「チャンス」を待っている人は多いと思う。

しかし、すべては自分が動き出さなければ動かない。

なんでもいきなり大きなことはできない。

少しずつ、小さなことを続けることが大事だ。

どんなに苦しいことでも、楽しんでやっていく。

そうすると、いつかチャンスがやってくる。


僕の冒険は膨大な費用がかかる。

「冒険の共有」を世界にライブ配信しようとすれば、億を超える資金が必要になり、それを実現させるためには、スポンサーを見つけるしかない。

僕は企業やメディアに手作りの企画書を持ってまわってみた。

少しでも時間があれば、手紙を書いたり、アポなしでたくさん企業も訪問した。

もちろん僕は若いし、応援してもらえないことの方が多い。
だが僕にとって大切なことは、小さくても続けること。
最初は僕のことを無視していた大人たちも
大きなリュックを背負ってやってくる若者に、
だんだん興味を持ってくれるようになる。
広報の人から「こんなやつがいるんですが」と常務に伝わり、
常務から「面白いやつがいます」と社長に伝わり、
でも最後は「応援したいけどごめんね」と断られる。
だが、断られていいのだ。
はじめから開かれている道ほど、つまらない道はない。
本当に自分がしたいこと。皆がしてほしいこと。
そのヒントは「断られている理由」に隠されている。

夢には叶う夢と叶わない夢がある。
叶うかどうかは、たくさんの人に会って自分の夢を語っていればわかる。
叶わない夢は、自己満足で誰も幸せにならないもの。
叶う夢は、自分もまわりも幸せになるもの。
そんな夢があればあきらめてはいけない。
否定されても、気にしてはいけない。
大きな壁が来たときこそチャンスだ。
壁は乗り越えるためにある。
だからあきらめないでほしい。

絶対に成功すると
思い続けた者
だけが成功するし、

思い続けられれば、
それだけで成功者だ。

NO LIMIT : No.7

すべてには終わりがある

一番好きな桜は、満開の桜がヒラヒラと、風に揺られて散っていくとき。
もし桜が散ることがなかったら、こんなに美しいとは思わないだろう。
命も同じである。

終わりがあるからこそ、
「今」があることに感謝し、
命を燃やして生きようと思える。

高校のとき、僕は母を亡くした。
体中にがんが転移していく中、
普通だったら「つらい」とか「痛い」とか弱音を吐いてもいいのに、
母はまったくそういうことを言わなかった。

すべてには終わりがある

母は最期に、聞こえるか聞こえないかの声で小さく「ありがとう」と口を動かした。
その瞬間、言葉にはならない強烈なメッセージを受け取ったような気がした。

「生きる」ということには限りがある。
たとえ自分の意思とは関係なく終わりが近づくとわかっていても、
心を折らずに、弱音も吐かずに生きている人もいる。
その姿をみて、
自分も一生懸命生きなければと思った。
最期に「ありがとう」って言って、この世を去れる人間になりたい。
最後の最後まで感謝できる人生を送りたい。
長く生きられたかどうかは関係ない。

大切なのは命を燃やし、美しく生きること。

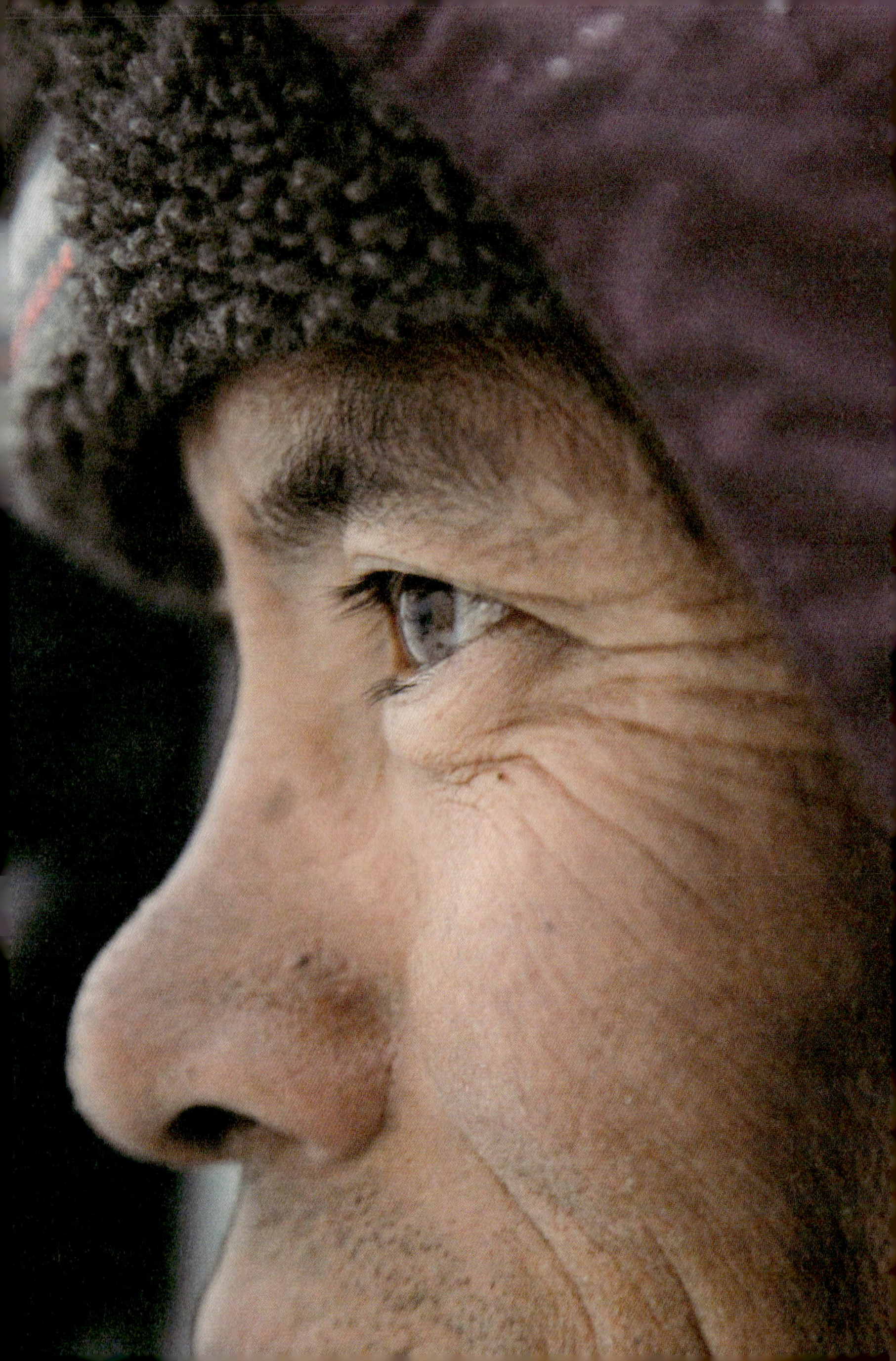

自分の心は何に反応するのか？
何をしていたら、満足しているのか？

素直になろう。
どっちに転んでも人の最期は皆一緒。
危険も不安もなくなりはしない。
だったら、素直にやるしかない。

NO LIMIT : No.8

窮地に飛び込む

北海道、12月の冬山。
60キロの道のりを、山岳部の先輩とふたりで縦走した。
携帯の電波は通じない。助けも求められない。
そんな山の中をいくつも越えていきながら、小樽の海をめざし登っていく。

冬山の縦走は途中で引き返すことができず、前に進むしかなかった。
僕はどこかでやめようと思いながら登っていた。
そんな中、ゴールの海にたどり着いたとき、
海を眺めて心の底から泣いている自分がいた。

それまで何かをやり遂げたことなんて一度もなかった。
どちらかというと、あまり無駄な力を使わずに、
うまくやっていこうとするタイプだった。
なんでも「自分は挑戦しても、これくらいしかできないだろう」
という世界で生きてきていた。

でも、できないと思う世界から飛び出した瞬間に、
いままでの自分が、過去の自分になっていた。

試練はいつどこでやってくるかわからない。
だが越えられない試練はないと思う。

あえて逃げられない場所に行くことで、
誰もが恐怖を乗り越え、
成長するための力を生み出すことができる。

安定とか安心とか便利さとかは、
実は人間の生きる楽しみを奪っているのかもしれない。

荒野をめざせ。振り向くな。
お前は地平線のはるか彼方に行くのだ。
地平線の奥に何があるのかなんて
知らなくてもいい。
何も無くてもいい。

ただ荒野を走り、登り、苦しみ、
そして誰もが見た事の無い世界に行くのだ。
そして、走り続けて、命が尽きるときに、
振り向けばそこに自分の世界がある。

NO LIMIT : No.9

苦難を楽しむ

新しいことには苦難がつきまとう。
苦難は避けたいし、乗り越えるためには大変な思いをしそうだ。
だが「苦難」に対抗しても仕方ない。
心の奥底で、悪戦苦闘するはめになっている自分が好き、
こんな目にあっている自分がかっこいい。
そう思えるようになれば、もう怖いものなんてない。
単純にいうとそれが「生きている」っていう感触だと思う。
「生きている」とは楽しむことだ。

高い山の世界には、どんなに強いやる気でもそれを奪う寒さと酸素の薄さがある。
身体が震えて、震えを止めるだけでも必死。
持ち物はすべて、地上の3倍くらいの重さに感じる。
なにもかもがすべてが苦痛で、すべてのものが遠くに感じる。
そんな場所で心がぽきっと折れると、確実に、
「死に向かっていく」というのは直感でわかっている。

苦難を楽しむ

折れてはいけない。
あらゆるものが、命の炎を消しにかかっていく。
消された方が楽だと思う。
だがその力にあえて対抗して、
めらめらと燃えていこうとする自分もいて、
そんな自分を楽しもうとする自分もいる。

苦しみや不安は、本当に自分をダメにするものなのだろうか。
苦しければ苦しいほど、喜びは大きく、
苦しければ苦しいほど生きている実感もある。

「－」《マイナス》に一本加えると「＋」《プラス》に変わる。

あきらめないでほしい。
ほんのひとつの工夫ですべてが変わる。

すべては一歩であり、
一歩はすべてと
つながっている。

恐れるものはなにもない。
ただ、自然のゆくまま、
光が射す方へ進むのみ。

NO LIMIT : No.10

困難な目標を立てる

自分ができないと思うことを目標にすることほど、
わくわくするものはない。
はじめからできると思うことに挑戦しても本当の力は出ないし、
本当の楽しみを知ることもできない。
すでにできるとわかっている目標を立てると、
誰もが頭の中のプログラムの通りにやろうとする。
プログラム通りほどつまらないものはない。

今までの自分にとってありえない目標を立てて、
「いろいろ過去のデータを見たけど、どこにもない！　どうしよう！」
という状況になってはじめて、潜在能力という本来の力がわいてくる。

だから小さな目標を立てて満足してしまうのは、もったいない。

少し大きな目標と、少し大きな壁。
はじめは怖いかもしれないが、わくわくしてくるものが必ずある。
そしてそれを越えていき、壁を少しずつ大きくしていくことで、
いつの間にか、もう低い壁では満足できない自分が現れるだろう。

より大きな壁へ。壁を越える楽しみを覚えよう。

成功するために挑戦するのではなく、挑戦するから成功がある。

成功する確率。
それがなんの役に立ちますか？

NO LIMIT : No.11

ひきこもって充電する

何かやりたい。でも何をしたらいいかわからない。
そんなときは何もしないこと。何も考えなくていい。
部屋からも出ない。
たまに部屋から出て散歩をしてみてもいいが、
テレビもメールも電話もインターネットも
何もかも情報をシャットアウトして、
できることなら1週間くらいひきこもってみよう。

自分も昔ニートをやっていたことがあり、
そして失恋のショックで1週間くらいひきこもっていた時期がある。
1週間トイレの時以外は寝ているだけ。何もする気が起きなかった。
人間何もしないで1週間寝ていると、
まず背中がかゆくなり、そしてお腹が空いてくる。
気がつくと布団に人型のカビが生えていた。

人間は不思議なもので、堕ちるところまで堕ちると自然に這い上がろうとする力がわいてくる。

人間何もしなければ、何かをしようとしたくなってくるものだ。そして何かをしていて、忙しくなっているときは、ときどき何もしたくなくなってくるものだ。

何もしないことは充電であり、充電したらあとは動き出すだけ。

NO LIMIT : No.12

不安を消すな

道なき道を歩いてきた僕は
「不安」について、明確な答えを持っている。
それは、「不安はなくならない」ということだ。
不安は自分そのもの。
だから、いくら山に登ってもなくなることはない。
どんなに挑戦しても、または挑戦せずに安全な道を選んだとしても、
生きている中で、不安が消えることはない。
そこにはいつも同じ自分がいる。

はたして自分はこれでいいのか？

不安を消すな

人はどの道もひとつしか選べない。
人は安心を求めるが、安心という世界ほど危険なものはない。
そして不安と同時に後悔がやってくる。

どの道を選んでも、
この先どうしようと思ったりするが、
それは生きている限りつきまとうものだ。

あらゆる不安を受け入れよう。
人は不安も後悔も失敗もないように生きようとするが、
それらがない人生ほど味気ないものはない。

星が輝いて見えるのは、まわりが暗いからだ。
あたりが暗ければ暗いほど、星は輝いて見える。
明るいときの星は輝いては見えない。

星の輝きに、変わりはないのに。

こんなに美しい山が目の前に見える。

本能的に登りたいという自分と、
危険だからやめておこうとする自分がいる。

興奮と不安で心臓が高鳴る。

山で大切なのは欲ではなく、
自然にその一歩が前に出るかどうかだ。

前に出る自分と、過去を守ろうとする自分。
両極端にふたりの自分がいる。
そのふたりの摩擦が大きければ
大きいほど、山は面白くなる。

NO LIMIT : No.13

夢を叶える方法

夢は思っていても叶わない。
夢は口にすることで、必ず共感してくれる人が現れる。
気がつけば、僕はこれを何年も何年も実践してきた。
お金も、コネも、経験もない僕が、
唯一やり続けてきたことは、
「自分の夢」を友人や知人、多くの人たちに語る、ということだけ。
夢を語り続ければ、誰かが手を貸してくれることがあるし、
何より、自分で自分の夢のことを信じられるようになる。

夢を叶えるためには、
自分のやりたいことを言葉にして伝え、
語り続けること。そして、あきらめないこと。

夢に大きな資金が必要だとしても
必要な「お金」や「人」は後からついてくる。
たとえ、自分が持っていなかったとしても、誰かが持っている。
「お金」も「人」も天下の回りものだ。
そして夢を実現するのは、「お金」ではなく「人」である。
自分から夢を伝え、その夢を応援する人が集まってきたとき、
必要なものはすべてそろっているはずだ。

お金がないから夢は叶わないというのは嘘であり、
夢があるからお金も人も集まってくる。
大切なことは自分の心が豊かであるかどうか。
お金があっても心が豊かでなければ、夢を叶えることはできない。

必要なものは「共感」である。
この世界は人のためで成り立っている。
人のためを思う夢であれば叶えることができるし、
人のためでない夢であれば叶えることはできない。

僕にとっての夢とはチャレンジして失敗しても後悔しないもの。
いくら失敗しても、めげないもの。
それは、ひとりでは叶えることができないもの。

でも夢を叶えるということは、自分のものだけではない。
人の夢を応援し、叶えてあげることも、夢を叶えることである。

自分の夢を叶えることだけでは、いつか限界がくる気がする。
僕も人の夢を応援し、叶えてあげられる大きな人間にいつかなりたい。

NO LIMIT : No.14

一人じゃない

稜線は温かく、陽の当たる岩に触れることができた。
最後の力をふりしぼって全身を持ち上げると、
岩の上で仰向けに寝ている男の姿が見えた。
服はボロボロで顔もよく見えなかったが、
あきらかに遺体であることは間違いなかった。

雪もない、快晴無風の稜線。
もしかすると小さな花が咲いているんじゃないかと思えるような暖かい所で、
男は両手を広げて寝ていた。

疲れきった自分も、このまま寝てしまえば同じようになるかもしれない。
その戒めとして男はいつまでもここに居るような気がした。
ここから山頂は手を伸ばせば届くところまで迫っていた。
ダウラギリ８１６７メートルまであともう少し。
雪がなく先の尖ったアイゼンでガリガリと音を立てながら最後の岩を登っていく。

まさかここまで来られるとは思わなかった。

いつも頂上につく瞬間に思えることがある。
登る前に自信はあっても、その自信は本物じゃないことを知っている。

山は自分から傲慢を取り除いてくれる。
僕は最後の岩に両手をつけて、深く頭を下げた。

岩は温かく、岩の隙間から今まで登ってきた自分の足跡が見えた。
もうこれ以上登るところはない。

「ありがとう」
それ以上もそれ以下の言葉も出なかった。

ただ、無線でベースキャンプにいる仲間に
「無事に登頂」と伝えたかった。

これは自分だけの登頂ではない。
この場所と、世界とがつながっていることを感じてもらうために、
登山中継を支えてくれた仲間たちと成し遂げた登頂だ。

一緒に感動できる仲間がいるから、登頂の喜びも大きい。
山と人という無機質な関係に絆を作るのは、また人である。
感動にひたるのは一瞬。
この感動を生きてベースキャンプに戻してこそ、本当の登頂の喜びだ。

結果だけの成功の価値よりも、
仲間とともに作ってきた過程にこそ価値がある。

登頂しても、そのときはおめでとうって言ってもらえるかもしれないが、
少し時が経てば、過去の話。

一人じゃない

上には上がいる。
到達してみても、たいしたことはない。

数々の山に登頂したが、いつも同じことのくり返し。
そのときそのときは感動しても、
少し時間がたてばもう次のことを考えている。
その気持ちはなくなることはない。

しかし山を登って帰ってくるといつも思うことがある。
それは地上の温かさだ。
仲間がいて、温かいご飯が食べられて、そしてまた明日が迎えられる。
その温かさのありがたみを再認識するために、
僕は山に登っているのかもしれない。

失敗も成功もない。
チャレンジし、そして
それを支え合う仲間がいる。

それだけで幸せだ。

NO LIMIT : No.15

小さなことで悩まない

奇跡的な快晴無風の中、真っ白い頂に向かった。
そこから見える景色に圧倒されていた。
暖かい太陽に迎えられ、
初めて「地球」というものを体で感じていた。
そして、何かが僕を「生きさせてくれている」のだと気づいた。
頭の中で不可能だと考えていたものがすべてなくなり、無限の力を感じていた。
もっと地球を感じてみたい。
もっと知らない自分と出会ってみたい。
山の神様とお友達になりたい。

山にしてみたら、自分はノミにも満たないような小さな存在だが
そのときだけは、山と一体化しているような気がした。

「空のように青く、宇宙のような無限の心を描く」

どれだけ空が曇っていても、その雲の上には快晴無風の青い空が広がっている。
その雲の下で泣いていてはいけない。
どんなに曇っていても、その雲の上には青い空が広がっているから。
そして、さらにその先には、無限の宇宙が広がっている。

小さなことで悩むことはやめよう。
限界も喜びもすべては自分が作り出したもの。
自分の描いた心次第では、宇宙にも行けるかもしれない。

山が大きければ大きいほど、
自分の小ささを感じる。
しかしそれに合わせて
大きくなろうとする自分もまたいる。

NO LIMIT : No.16

満たされないことを知る

どうしたら人間は幸せになれるのか。

それは「足りぬを知る」だという話をある医者から聞いた。


人間は欲のある生き物。

欲するものを求めて社会は発展してきた。

しかし大半が満たされたことによって、その先の目的が見えにくい社会になり、少し元気のない人が増えてきた。

一方でネパールやアフリカのような貧しい国は違う。

その日その日を生きるのに必死だが、僕たちの想像以上に明るく元気に暮らしている。


満たされることが、本当に幸せなのだろうか。

何もかも手に入れようと、何もかも自分の思うままにしようと、
それを求めることによって、大切なことを忘れているのではないかと思う。

僕は大きなことよりも、小さなことでも喜べる人間になりたい。
人は満たされないことを知ることによって、逆に心が満たされていく。

医者は「少食の人の方が、長生きする」と言った。
いつも満腹の人は、お腹が空いている人より、
病気になりやすいらしい。

足りないということは、人間の生命力を上げてくれるのかもしれない。
8000メートルの世界では、
食べる物もなく、寒く、苦しい。
だが、あの瞬間には、すべての細胞が目を覚ましているような感覚があった。

不便で苦しい環境だが、生きているということを実感していた。
「満たされない」「不便」ということは、
もしかすると贅沢なことなのかもしれない。

NO LIMIT : No.17

楽しい＝楽ではない

いつか、楽しくなるはず。
そう信じながら、今の困難をつらく堪え忍んでいる人もいるかもしれない。
だが、それは自分が作り出した幻想に過ぎない。

今が楽しい人は、明日も楽しい。
そして、未来もずっと楽しんでいられる。

楽しい＝楽ではなく、
つらいこと、困難なこと＝楽しむ。
それさえできれば、誰もが人生の成功者だ。

つまらないと思う人生を、
楽しくてたまらない人生にするには、冒険することである。

リスクがなくて、楽しい人生があるわけない。
不安や緊張。失敗したら、どうしよう。
その気持ちがあるからこそ、誰かと支え合い、人の大切さを知ることができる。
そしてともに成長し、ともに笑い、ともに喜べる仲間ができる。
だから「失敗したらどうしよう」なんて考えなくてもいい。

目標や夢を持てば、必ずリスクがついてくるし、
リスクこそが、自分に人生の楽しさを教えてくれるのだから。

そう、逆境を楽しまなくては。
成功は、お金でも地位でも名声でもなく、
なんでも楽しめるかどうか。

ＥＮＪＯＹ！

止まるから、
緊張する。
緊張したら、
前に踏み出せ。
考えている
暇はない。

NO LIMIT : No.18

執着しない

執着しない

本当に大きなことを成し遂げるためには、
自分のこだわりを捨てた方がいい。
執着すると、大切なことが見えなくなる。
見つけた夢はどこまでも追いたくなるものだが、それはまた危険なものでもある。

山登りで一番危険なものは執着心だ。
この執着をなくせるかどうかによって、登山の真価が問われる。
だから山に入ってからは、「絶対、登りたい」という思いを無くす努力をする。
登りきれば幸せなのは確実だが、
頂上にいけるかどうかは、最後は山の神様が決めること。
強い思いには、必ず限界がやってくる。

執着しない

８０００メートル峰の山は雪崩もあるし、天候の悪化も激しい。
山は自分の力だけでは、どうしようもないことがたくさん起こる。
山からのメッセージを、素直に受け取らないといけない。
山と友だちになり、山に生かされ、山で生きていきたい。

大切なことは、
登っても、登れなくても、感謝すること。

不安も苦しみも、何が良いとか悪いとかなくて、
すべてあるがままを受け入れること。
そのとき、ふと気がつくと
山が頂まで招きいれてくれるかもしれない。

NO LIMIT : No.19
祈り

祈り

突然、原因不明の高熱が出てダウンしたとき
その場所が慰霊碑の前で驚いた。
慰霊碑には山で亡くなった多くの人の名前が刻まれていた。

偶然なのか何かに取り憑かれたのか。
とにかく危機を感じてひき返し、僕は登山の安全祈願であるプジャを行った。
プジャは大変重要な儀式だ。
現地のシェルパは、プジャを行わなければ山に入らない。

ヒマラヤは、人間の力を超えた領域。
まさに神々の頂だ。
ヒマラヤのシェルパは、
山に登る人を「運がいいか悪いか」で評価する。
もちろん技術や体力も重要だが、
山の神様に招いてもらえるかどうかが重要だと考えている。

お坊さんが、頂に向かって祝詞をあげ、
ツッパオという大麦をヒマラヤの空に投げた後、それを顔に塗り付け合った。

顔を上げ山の全景が見えると、急に鼓動が高鳴る。
人を寄せつけない複雑な氷河。
何度もからだに響いてくる雪崩や崩落する氷河の轟音。
まるで戦場のようだが、空を突き抜けようとする鋭い頂を見ていると
恐怖心や不安よりも登りたいという気持ちが勝ってしまう。

やっぱり山が好きだ。

「山の神様。僕はあなたに会いに日本からやってきました。
これからたくさんの試練や苦難があると思いますが、
僕はそれをすべて受けとめます。
そして、多くのことを学ばせてください。

祈り

あなたに出会えたことに感謝いたします。
あと、少しお手柔らかにお願いいたします」

NO LIMIT : No.20

暗闇にこそ光

なぜあの過酷な山頂をめざさなければいけないのか。
骨を裂くような風。肺を凍らせ、思考を奪っていく冷たい空気。
もうここは人間が呼吸をして生きていられる世界ではない。

薄暗く、冷たい世界に、
ヘッドランプ一つで暗闇の中に光を見つけなければ生きていくことはできない。
でも僕はその世界が好きだ。光は光の中にあるだけではない。
暗闇にも光があり、そしてそれは自分自身の光でもある。
寒ければ寒いほど暖かく、闇であれば闇であるほど光り輝く。
山は僕がどれだけ光輝けるのかを、試そうとしている。
なにも怖がることはない。
ただ山に抱かれ、生きていること、
生かされていることに感謝し、光を見失わなければいい。

今、僕は生きている。

怖いというよりは、やってみたい。
そう思うのであれば、行くしかない。
やりたいと思った瞬間に、
すでに道は開けているからだ。
道は2本も3本もなく、1本しかない。
道を選んだら、
それが一体どんな道になるのか、
あとは楽しみ尽くすだけだ。

NO LIMIT : No.21

当たり前ではなく有り難う

「君みたいに元気のいい登山家は、日本には30人ほどいた。でも28人が死んだよ」

「なぜ2人生き残ったのですか?」

「普通に就職した」

高い山をめざせばめざすほど、「死」というものは近くなる。

それをやめようと思えばやめることもできるが、

僕には死んだように生きることはできない。

すべての人には終わりがある。

そのことを受け止めて生きていくことが大切だ、ということを山と母から教わった。

長い短いとか濃い薄いではなく、その一瞬一瞬を、いかに生き抜くか。

当たり前ではなく有り難う

生きるということは決して当たり前なことではなく
とても大変なことだ。
だからこそ生きていることの素晴らしさを伝え合い、
当たり前のことに感謝したい。

当たり前のことがヒマラヤでは当たり前ではない。
食べる。寝る。大好きな人と会うこともできないこの世界に来たとき、
自分がいかに生かされ、生きているかを思い知らされる。
だからこそ1日1日を大切に生きたいと思う。
山を登ることは特別でも、すごいことでも何でもない。
でも命の限りを気づかせてくれたこの山は、
すべてをかけて登っただけの価値があり、
太陽の光や、自然のすべてが僕を生かしてくれていることに感謝したい。

MILLET
てめーらとは
登ってやんねー!!!
くそしてねてろ!!!!!
まさに外道!!

NO LIMIT : No.22

選択と小さな行動

ある霊能者に「未来はどうやってできているんですか?」と聞いた。
「未来は枝のようなものだ。枝がたくさん分かれている。
そして自分がどの枝を選ぶかによって、その先の枝が変わっていく」

つまり、やりたいことや興味のあることに対し、
小さな行動をとることで、その枝がさらに分かれていき、
最終的にはどの枝も「成功」につながっているんだそうだ。

たとえば、ある少年がF1レーサーになりたいと考えている。
その時に考えているだけでは意味がない。
まずは、小さな行動を。
「本屋に行ってF1レーサーの本を読む」という
具体的な小さな行動をとることによって
その少年の未来の枝が、F1レーサーにつながっていくんだという。

自動車学校に通えば、Ｆ１レース場に行けば、Ｆ１レーサーに会いに行けば、さらに枝が太くなり、広がりが生まれ、現実に近づいていく。
未来は「選択と小さな行動」によって作られているらしい。

やりたいことがあるのなら、まずはほんの少しの行動を。
ちょっと動いてみるだけで、未来も、自分自身も変わる。
怖がることは何もない。

NO LIMIT : No.23

与え続ける

お金もコネも経験もない。
誰もがそうであるように、僕もそこからすべてがはじまった。
夢は、自分一人では叶えることができない。
一人でやれることには、限界があり、どれだけ頼れる人がいるかで決まる。
僕は語学が全然上達しない。
だがどの国にいっても、山の名前を伝えて、行きたい、登りたいとさえ伝えれば、
必ず手を差し伸べてくれる人がいる。
僕がいままで無事に山に登り、戻ってこれたのは
たくさんの見知らぬ人が助けてくれたからだ。

無理に一人でがんばろうとせず、人に助けを借りることは、
どの世界にいても重要なことだと気づいた。
だが、人に助けてもらうばかりではいけない。

与えてもらうのではなく、与え続けられる人間になろう。

助けを求めている人がいたら手を差し伸べてあげよう。
人の夢を応援してあげよう。
人に喜んでもらうことが、自分の最大の喜びなのだから。

山はいつも、自分が完全ではない
ということを教えてくれる。
だから僕は何度でも山を登る。
少しずつ成長するために。
そして生きるために。

NO LIMIT : No.24

目的地を決める

ヒマラヤの山に向かう途中、
ポカラという小さな町で手こぎのボートに乗ってみた。
広大な湖に浮かぶボート。
隊員の人からボートのこぎ方を習う。
だが、僕はなかなかうまく進めることができない。

「目的地がないと、進みませんよ」
いくらこぎ方がわかっていても、
「目的地」を決めなければ、ボートは進んでくれないようだ。

でもどこへ行けばいいのだろう？
人生は目的地に向かって進むより、目的地を見つける方が難しいかもしれない。

あなたにとっての目的地はどこだろう？

奇跡は起こるものではない。
奇跡は自分で起こすものだ。
夢は、折れなければ実現する。
僕は身をもって証明したい。
見えない山を登っている
すべての人のために。

NO LIMIT : No.25

目的の「先」を見る

いきつけの居酒屋で、登山の先輩と会った。
昔は、「無謀だ。無理だ」と怒られたが、
最近は「どう?」と聞いてくれる。
やはり僕がエベレストで「引き返す」という決断ができたからだろう。

山に登っているとあまりに集中してしまうので
まわりが見えなくなり、独特な世界に入ってしまうことがある。
僕はその状態のことを「ゾーン」と呼んでいる。
特に酸素の薄い8000メートル級やエベレストでは、
気がつくとこのゾーンに入っていることがある。
これは、そこまで行ったことのある人しかわからないかもしれないが、
ゾーンに入ると帰りたくなくなってくる。
時間の感覚もなく、寒いという感覚もなくなり、
ヒマラヤの青い空と、一点の頂しか見えなくなるのだ。

でもこのときに大切なのは「山を見るのではなく、山の先を見る」こと。
山の頂は一瞬だ。どんなにすごい山を登っても一瞬なのだ。
その山の先に、もっと大切なことがある。
なんのために山を登るのか。
己の修行のために登るのか。
それともただの自己満足なのか。
理由は様々だ。
だがゾーンから生きて帰るためには、目的意識を持った自分と、
それをやり遂げる相当な精神力で戻らなければいけない。

僕はいままで8000メートル級の山を3つ登ってきたが、
登頂よりもエベレストからの「下山」が大きな糧になっている。
登っているときはあれだけ小さく見えた山が、
一歩下がることによって、また大きく見えた。

登頂の喜びは一瞬だ。
下山、失敗、敗退の方が頭にこびりつき、よっぽど長く続いていく。

でも山に負けたとき、自分とどう向き合うのか？
そこからの成長にこそ、山登りの本質があるような気がする。
山に負けても自分に負けてはいけない。

居酒屋で見知らぬおじさんが
「お兄ちゃんまた行くでしょう？　がんばってな」と
テーブルに４２００円を置いていってくれた。
「ありがとうございます」
こういう温かい言葉をかけられると、
自分の夢が、もう自分のものだけじゃないんだと感じる。

夢はひとりの夢ではなく、
多くの人と共有ができた時にとてつもない力を発揮する。
たくさんの人の想いの力で、
僕は一体どこまで登ることができるんだろう。

標高７７００メートルあたりから
徐々に夜空の星をオレンジ色の光が包んでいく。

ヒマラヤの高所から見る星空は
都会では決して見ることができないものだ。
星は上だけではなく横にも広がって見える。
しかもその一つ一つにはっきりとした光を感じる。

地球から星が見えるのではなく、
地球が星に包まれているのだということが
山に登っていると実感できる。

山の夜の習慣。

星を見ながら、手をあわせて、

「今日もありがとうございました」

星が一つ一つ、東の空から消えていき、
そして、その空から太陽の光が当たりはじめ、
ヒマラヤの山々が眼下に見えた時、
自分は空を飛んでいるように思えた。

NO LIMIT : No.26
From
Annapurna
8091m

太陽が出た瞬間に重い腰をあげた。
ここから先は巨大なクレバス地帯だ。
そして1日に数回は雪崩が起きる「雪崩の巣」を通る。

誰の足跡も道標もない。
すべて0からのはじまりだ。
自分の直感とそれを超越した能力でここを突破していく。
目の前には巨大な氷河が見える。
ここを登れば少しは視界が良くなるだろうと思っていたら、
バスンと雪の地面がなくなって、真っ暗な世界が見えた。
今までとは違う感触。体が硬直した瞬間。
こんな結果じゃなかったのにと後悔しかけたが、
気がつくと僕は両手と両足で必死に落ちないように体を支え続けていた。

クレバスから脱出した後に証拠としてビデオカメラを回し、自分が冷静でいるかのように装ってみた。

撮影隊がいるＣ１《キャンプ》から、一人はあまりにも危険だと言われた。

この先も落とし穴のような見えないクレバスが多く、しかもどれも大きい。


「今、クレバスに落ちかけたけど、この先も落ちる可能性が高いです。今回は落ちるよ。もし定時の無線交信がなければ、僕の足跡をたどって落ちた場所を探してください」


この先は、普通の山の世界ではない。

穴をじっとのぞき込む。

前の自分ならやめていたかもしれない。

なぜか冷静に再びまた一歩を踏み出していく自分がいた。

慣れなのか、馬鹿なのかよくわからない。

でも今は覚悟を決めながら、一歩一歩踏み出していく自分がいる。
クレバス地帯を縫うように通過していく。
踏み出した一歩は雪が深く、
たとえルートを間違っても、なかなか下がることができない。
まるで阿弥陀くじのようだ。

最後の巨大なクレバスが見えてきた。
だが、あまりにも巨大すぎて渡ることができない。
目の前に「雪崩の巣」が見えるのに。
なんとか糸口を見つけようとすると、
人がやっと通れそうな細いスノーブリッジ（雪の橋）を見つけた。
スノーブリッジは真ん中が薄くなっている。
渡って落ちるか落ちないかわからない。でも通れるのはそこしかない。
だれも渡った痕跡のないスノーブリッジ。
いつも思うが、最初に一歩踏み出した者はすごいと思う。

その人の一歩が、たくさんの一歩につながるからだ。
「冒険の共有」という誰も踏み出したことのない一歩。
僕はその一歩になりたいと思っている。
そんなことを考えながら、スノーブリッジを横から縦から観察している自分がいる。
結局はもう勢いの世界だ。
ドドドと走るようにスノーブリッジを駆け上がった。

スノーブリッジを渡ると雪崩の巣が見えてきた。
巨大な氷河がいくつも重なり合い、まるで守りの固いお城のように見える。
しかしそれは守りではなく、攻めてくるお城なのだ。
そのすり鉢状の雪崩の巣を、さてどこから登ろうか。
核心部分に近づこうとすると
「ドスン」と遠くで何かが崩れる音が聞こえた。

「栗城君取れますか！　雪崩です。正面！　上です！」

上を見ると小さな雪煙が、勢いよくこちらに向かってくる。
始めは小さい雪煙だが、徐々に大きくなりスピードを増して向かってくる。
しかも真正面。
あたりを見渡すと、拳大ほどの氷の固まりがたくさん落ちてくる。
これは雪崩で飛んできたやつだ。
ここはもう「雪崩の巣」の領域だった。

ようやく事態の深刻さに気づく。
走って逃げようとするが、あまりにも巨大で逃げようがない。

地面に体を伏せて、待ち受ける。
後ろにはクレバスが大きく口を開けている。
流されればそのまま終わりなのは知っていた。

「来るならこい！」そんなかっこいい言葉は出てこないものだ。
両足がひどく震えているのがわかる。
爆風とともに細かい無数の氷の粒が全身に当たってくる。
一瞬目の前が、真っ白の世界になる。
何も見えない。

白いガスが消えようとしたとき、
自分が助かっていることに気づいた。
雪崩は僕の目の前で力を弱め、止まったのだ。

普通だったら怖くなってやめていたかもしれない。
でもこのときの僕は行ってみたかった。
良い悪いの次元ではなく、純粋に「あともう少しだけ」それしかなかった。
すり鉢状のところに古いロープを見つけた。

おそらくここがルートだろう。ここしかない。
だが、すり鉢の上にはこの山最大の氷塔《セラック》が待ち構えている。
「これが落ちたら死ぬかな?」
「恐らく死にますね」
無線でそっけない会話をする。
すり鉢の中に入っていく自分。
急いで安全なところにいこうとするが、
なぜか体が動かず、ゆっくりとすり鉢の中に入っていく。
心の中で神様に祈った。
受け入れようと思っていても、
受け入れたくないこともあるものだ。

すり鉢状を左に登っていくと雪が腰まであり、
傾斜がきつく進んでも進んでも進まない。
まさにあり地獄のようだ。喉が乾きすぎて痛い。

そういえば水分補給などずっとしていなかった。
それだけ余裕がなかったのだろう。
ザックをおろし、休憩していると、
またドスンと地響きのような音がした。
しかも近い。

「上からきます！」

無線が聞こえた。

ドドドと雪煙が左下を通っていく。

さっきまで登っていた自分のラッセル（新雪を歩いた跡）に雪崩が突入し、
すべてをかき消していった。


行動をはじめて6時間。だいぶ疲労が強くなる。

肉体的なものより、精神的に張りつめた糸が切れかけている。

これ以上は、無理だ。

Ｃ３《キャンプ》まであと少しだが、
スキーと２日分の食料、燃料も十分運んだ。
それより、Ｃ３《キャンプ》への「道」を発見できただけでも十分な収穫だった。

荷物を雪に埋めて、下山を開始する。
もう雪崩に慣れたのか。
すり鉢を通って下りる時も振り向くことなく、ゆっくり下山する。
もうここは人間がどうこうする世界ではない。
すべては山が決めること。
６時間かけて、温かいご飯の待っているベースキャンプに戻った。
本当はＣ２《キャンプ》で泊まる予定だったが、一刻も早く下りたかった。
ベースキャンプは標高４０９０メートル。
空気が濃く、草や小さな花が咲いていて、
それだけでも生命を感じ、心を落ち着かせてくれる。

やはり人間は、山では生きていけない。
僕らが生きているのはこの草や花が生きている世界だ。
でも僕は再びこの、クレバスと雪崩の巣に向かう。
「登頂」を目指して。

やめようと思えばいつでもやめられる。
でもやめない自分がいる。それは意地でもなんでもない。
ただ、恐れている自分自身を克服したいだけだ。
そして、もう少しヒマラヤと仲良くなりたい。
今の自分ならその資格があるかもしれない。
なぜなら、クレバスや雪崩に出会っても、
自分は後ろを振り向かず、前だけを見つめていたから。

From
Annapurna
8091m

山は厳しいが、僕の一歩踏み出す勇気が、
たくさんの人の一歩になればと思う。

僕はもう覚悟は決めている。どんなことも受け入れる。
大切なことは「楽しむこと」。
苦しみが大きければ大きいほど、喜びは大きい。

そして僕は2日だけ休養して、頂に向かっていた。

夢を追い、夢破れ、
そしてまた
夢を追う。

毎日が挑戦。
毎日が冒険だ。

NO LIMIT : No.27
From
Everest
8848m

7600メートルまで登った時、
そこから先、さらに1248メートルの高い山がある。
空の上に山がある。その標高はすべての生命が生きることを許さない世界だ。

そこに「自分」という生き物が行こうとしていた。
初めて「登る」ということに迷いを感じた。
行くか行かないか、すべては自分が決めること。
もし行くと決めても、生きて帰れるかどうかは山の神様が決めること。
自分の中に「自分」というものがなくなってきていた。
それだけエベレストは大きい存在なのだ。

僕はエベレストのことだけを考えて、
ずっと山を登ってきたようなものだ。
エベレストは標高だけではなく、
僕の人生においての最も高いピークになるだろう。

単独・無酸素で登頂できる確率は5パーセント。
無事に生きて帰ってこれる確率は50パーセントだと言われている。

不安と緊張。
登りにいくのに生きて帰ってきたいという
複雑な気持ちが入り混ざる。

自分の夢がいつの間にか大きな壁として立ちふさがり、
目の前の世界が真っ暗で何も見えない。

これまでもいろんな壁を乗り越えてきていたが、
こんなに大きな壁は見たことがない。

でもその壁は決して山の氷のように冷たくはない。
自分と同じように体温を感じる。

これがエベレストというものなのだろう。
この目の前の大きな壁を乗り越えてみたい。

成功や失敗ではなく、この壁を越えてみたい。

なぜならその壁は自分自身だということが分かっているから。
エベレストは自分自身だということを知っているから。
だから僕はこの壁に向かっていく。

青い空が徐々に広がりを見せてきた。
天候の周期が、
好天に変わってきているのがわかる。
心を落ち着かせ、山に祈りを込めた。
プジャの塔のお香と木に火をつけて、
静かに目をつぶる。

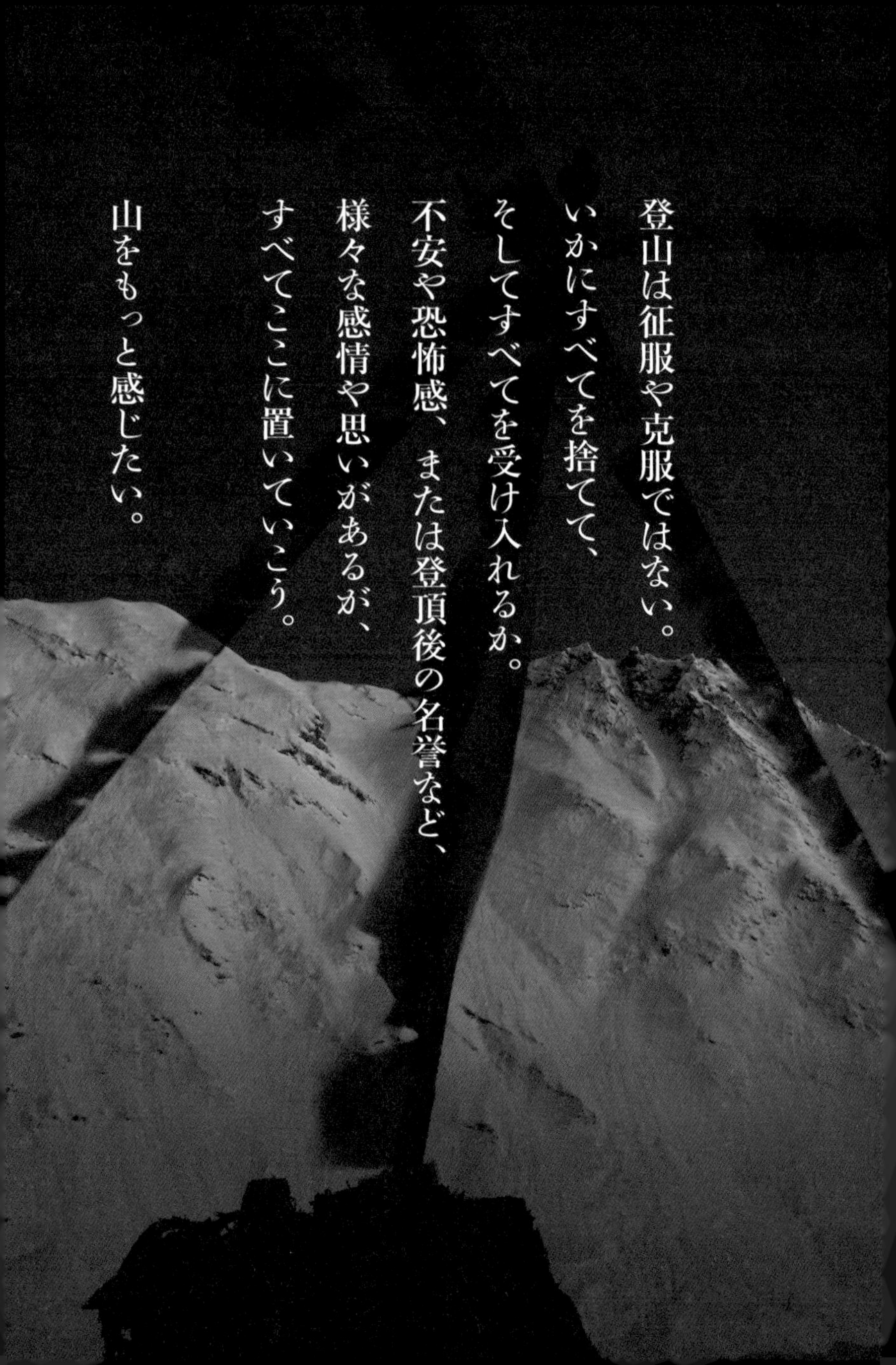

登山は征服や克服ではない。
いかにすべてを捨てて、
そしてすべてを受け入れるか。
不安や恐怖感、または登頂後の名誉など、
様々な感情や思いがあるが、
すべてここに置いていこう。

山をもっと感じたい。

僕の夢はエベレスト登山を通して、
世界中の人たちとつながることだ。
この大きな夢のために、
いままで長い時間と労力をかけてきた。
誰もいない世界の最高峰へ。
空気はありえないほど薄く、そして太陽の近さを感じる。
ここが終わりであり、そしてはじまりである。
登山家だけではなく、
大きな見えない山に登っている人は大勢いる。

だが何をめざしていようとも、
ここが限界、
ここが最終地点と決めつけた瞬間に、
すべてが終わるだろう。
終わりは、はじまりだ。
もっと大きな山に向かおう。
道のない道を歩き続けることで、
未来は切りひらかれていく。

さあ、終わりなき頂上へ。

テンバ・シェルパに捧ぐ

KURIKI
NOBUKAZU

登山家・栗城史多（くりき・のぶかず）

1982年北海道生まれ。大学の山岳部へ入門した2年後の2004年6月に北米最高峰“マッキンリー ”の単独登頂に成功。7大陸最高峰のうち、6大陸を単独で登った。

2005年1月、南米最高峰の“アコンカグア”（6962m）に単独登頂してから、2007年ヒマラヤの8000m峰をめざすようになり、同年5月に世界第6位の高峰“チョ・オユー ”（8201m）において単独・無酸素登頂と動画配信を行い「冒険の共有」をめざすようになる。

2008年10月、世界第8位高峰“マナスル”（8163m）において日本人としては初となる単独・無酸素登頂と、山頂からのスキー滑降に成功。

2009年5月、世界第7位高峰“ダウラギリ”（8167m）の単独・無酸素登頂と、インターネットライブ中継に成功。

2009年9月、日本人初となる世界最高峰“エベレスト”(8848m) 単独・無酸素登頂とインターネットライブ中継をめざすが、7950m地点で下山。

2010年5月、世界第10位高峰“アンナプルナ”（8091m）の単独・無酸素登頂をめざすも山頂400m手前で下山。

2010年9月、“エベレスト”（8848m）に再挑戦するも、7750m地点で下山。


現在、全国で講演活動を行いながら、スキーと高所登山、そしてエベレストのインターネットライブ中継という新しい冒険をめざし、突き進む。

（栗城史多オフィシャルサイト）　**kurikiyama.jp/**

NO LIMIT《ノーリミット》 自分を超える方法

2010年11月10日　初版発行
2018年 6 月 1 日　第九刷発行

著者　栗城史多

写真　栗城史多・門谷優（栗城隊）
デザイン　井上新八

発行者　鶴巻謙介
発行所　サンクチュアリ出版

〒113-0023
東京都文京区向丘2-14-9
TEL：03-5834-2507（代表）／FAX 03-5834-2508
URL：http://www.sanctuarybooks.jp/
E-mail：info@sanctuarybooks.jp

印刷・製本　中央精版印刷株式会社

PRINTED IN JAPAN
定価およびISBNコードはカバーに表示してあります。落丁本・乱丁本はサンクチュアリ出版までお送りください。送料小社負担にてお取り替えいたします。